IRMGARD GIERL

Kreuzstich
Bänder und Borten

IRMGARD GIERL

Kreuzstich
Bänder und Borten

Türschleifen - Tischwäsche - Accessoires

Mit genauen Zählmustern

AUGUSTUS VERLAG

Inhalt

Vorwort 6

Stickmuster auf Wanderschaft 8

Material und Technik 10
Stickgrund 10
Stickgarn 11
Farben 12
Kreuzstich 13
Einige Tips fürs Sticken 14
Borten sind vielseitig 14

Türschleifen 16
Alphabet 18
Einteilung einer Tischdecke 18
Ecklösungen 19
Maibaum 20
Zusammenstellung verschiedener Borten 20
Danksagungen 21

Stickvorlagen 22

Impressum 64

Vorwort

Sich zu schmücken war von alters her ein Bestreben der Menschheit, das man über Jahrtausende hinweg verfolgen kann.

Im Museum von Aleppo steht das Abbild der Göttin Ischtar aus dem 17. Jahrhundert v. Chr. Damals trug man am Euphrat eng anliegende Kleider. Der runde Halsausschnitt ist mit einer Blumenranke verziert, die aus dem harten Stein herausgemeißelt ist. Gut möglich, daß damit eine Stickerei dargestellt werden sollte.

Aber um vieles älter ist das Spinnen und Weben. Hierzulande verstand man sich seit der Steinzeit darauf, Pflanzenfasern schurzartig zu verweben und in die zähen Hanffasern Tierhaare und -wolle einzuspinnen. Auch der Webstuhl war seit der älteren Jungsteinzeit in seiner einfachsten Form bekannt: Zwei in den Boden geschlagene Pfosten trugen einen Querbaum, über den die Kettfäden liefen. Mit Pflanzen und Mineralien färbte man das Garn, und nun entstanden durch den Einschlag bunter Fäden Streifen und Bordüren. Schon bei den Gewändern der vornehmen Ägypterinnen waren eingeschossene Goldfäden, farbige Borten und bunt gewürfelte Muster üblich.

Später war man mit dieser Technik nicht mehr zufrieden und erreichte die gleiche Wirkung mit Stickerei. An die Stelle der gewebten Borte trat die gestickte. Im frühen Mittelalter begegnen wir Borten und Bändern als einem wichtigen Bestandteil der Kleidung. Statt der Knöpfe dienten Bändchen als Verschluß, mit einer aufgenähten Borte wurden die Ärmel am Oberkleid befestigt. In der Gotik trug man Stirnbänder und Ärmelmanschetten.

Als in früheren Zeiten auf den Webstühlen nur schmale Stoffbahnen erzeugt werden konnten, verdeckte man die Nähte mit aufgesetzten gestickten oder gewirkten Borten. Wenn auch heute über die Mitte eines Tischtuches eine Bordüre gestickt wird, so lebt damit diese alte Sitte weiter.

So bescheiden sie auch erscheinen: Borten sind ein unersetzliches Schmuckelement, das als Rahmen, als Füllung von Zwischenräumen und Freiflächen, aber auch als trennendes Element dient. Je mehr man sich mit ihnen beschäftigt, um so mehr staunt man über den Reichtum an Erfindungsgabe, über die Variationsmöglichkeiten, die auf kleinstem Raum zu finden sind. Neben geometrischen Mustern erscheint zartes Rankenwerk, neben einfachen stehen komplizierte Gebilde, unerschöpflich ist die Gestaltungskraft, die sich in diesen kleinen Kunstwerken offenbart. Auf den Vorlageseiten in diesem Buch finden Sie außer Bortenmustern auch kleine Motive zum Kombinieren mit Bordüren oder für Türschleifen und Tischbänder sowie zwei Sterne und Rosetten, die sich zum Beispiel für einfache Ecklösungen anbieten.

Der Zauber der Stickerei gründet sich aber nicht allein auf die Wahl des Musters, sondern entsteht aus der Harmonie aller Einzelheiten, aus der Beschaffenheit des Gewebes, aus der Qualität und Farbe des Stickgarns.

Mit rotem Garn auf weißes Leinen gestickt, sehen Bordürenmuster besonders hübsch aus. Sehr beliebt sind bestickte Zierdeckchen.

Stickmuster auf Wanderschaft

Wer mit dem Glacierexpreß durch die Schweizer Berge fährt, dem fallen die eigenartigen ladinischen Namen der dortigen Bergdörfer auf, denen er in der Stickmustersammlung von Elly Koch schon begegnet ist, zum Beispiel Filisur im Albulatal. In diesen hochgelegenen Gebirgstälern hat Elly Koch die erstaunlichsten Muster aufgezeichnet. Nicht nur Eicheln und Hirsche sind die Vorlagen, sondern Tulpen, Türkenbund und Granatapfel, das uralte Fruchtbarkeitssymbol, das keineswegs alpenländisch ist. Es hat mit den kostbaren Geweben aus Sizilien und Byzanz zu tun, die durch den Mittelmeerhandel nach Italien kamen und auch in Musterbüchern weitergegeben wurden.

Und damit ist die Frage der Herkunft teilweise schon geklärt. Es waren vor allem die Musterbücher, die zur weiten Verbreitung der Stickmuster beitrugen. Neben der Bibel gehörten die »Modelbücher« zu den frühesten Druckerzeugnissen. 1524 erschien das erste datierte Vorlagenbuch, und 1597 gab Johann Sibmacher in Nürnberg sein Musterbuch heraus, das bis ins 19. Jahrhundert immer wieder nachgedruckt und nachgestickt wurde.

Verkauft wurden diese Stickvorlagen in den Offizinen der Verleger und Buchhändler, auf Jahrmärkten und durch Hausierer. Sie dienten nicht nur den kunstfertigen Bürgersfrauen, sondern auch Webern als Vorlage.

Später war es üblich, daß Schweizer in der warmen Jahreszeit in ganz Europa von Rom bis St. Petersburg Kaffeehäuser eröffneten, und dort ihr Gebäck verkauften (siehe Dolf Kaiser, Fast ein Volk von Zuckerbäckern). Im Winter kehrten sie in ihre Bergdörfer zurück. Daß es auf diesen weiträumigen Wanderschaften zu Begegnungen mit Musterbüchern kam, ist gut vorstellbar und wäre die Erklärung für das Vorkommen solch exotischer Muster in einer hochalpinen Gegend. Tulpe und Türkenbund (siehe Kissen auf Seite 9 und Muster auf Seite 43) finden sich nämlich im Modelbuch des Christoph Weigel, das 1784 in Nürnberg gedruckt wurde und weithin verbreitet war. So läßt sich erklären, daß diese Vorlagen nicht nur in Deutschland, sondern auch in Graubünden und Ungarn zu finden sind.

Aber auch die große Weltpolitik hat mit der Verbreitung der Kreuzstichmuster zu tun, denn das britische Empire war nicht nur ein politischer und wirtschaftlicher Machtfaktor, sondern es hat englische Gouvernanten in die entlegensten Teile der Welt geschickt. So kommt es, daß die jetzige Maharana von Karauli (Indien), Chandra Pal, eine ganze Sammlung europäischer Kreuzstichmuster von ihrer englischen Erzieherin erhielt, die sie heute noch für so europäische Gegenstände wie Kaffeewärmer und Sofakissen benützt.

Material und Technik

Stickgrund

Zu allererst muß ein passender Stickgrund gefunden werden, am besten Leinen, ein edles, vielseitig verwendbares Gewebe, das mit seinen leicht zählbaren, regelmäßigen Fäden die Arbeit sehr erleichtert. Allerdings dürfen sie nicht so eng gewebt sein, daß es Mühe macht, sie zu zählen oder mit der Nadel in die Zwischenräume einzustechen.

Bei deutschem Siebleinen gehen 8 Fäden auf 1 cm, bei dänischem 10,5 oder 12 Fäden, bei Schweizer Leinen 8 oder 10 Fäden.

Je weniger Fäden auf 1 cm gehen, um so leichter lassen sie sich zählen, je mehr Fäden, um so zierlicher wird die Stickerei. Die Anzahl der Gewebefäden entscheidet also auch über die Größe der fertigen Arbeit. Je weniger Fäden auf 1 cm treffen, um so kleiner wird das Muster.

Am leichtesten stickt man auf Aidastoff, einem kräftigen Baumwollgewebe, das es in verschiedenen Stärken gibt. Man arbeitet über ein Kästchen und sticht in die eingewebten Löcher, ohne Fäden zählen zu müssen. Nur bei »Fein-Aida« stickt man über zwei Kästchen.

Stickgarn

Nach der Struktur des Stoffes richtet sich die Qualität des Stickgarns, das in etwa mit der Stärke der Gewebefäden übereinstimmen soll, damit es leicht durchgezogen werden kann. Daneben aber gibt es allerlei Möglichkeiten, ein Stickmuster durch das verwendete Garn zu variieren: Zarte Blütenranken verlangen feineres Garn, für dichte Muster, die größere Flächen decken sollen, wird kräftiger Faden gewählt. In jedem Fall sollte man die Wirkung ausprobieren, indem man mit verschiedenen Garnresten kleine Proben auf den vorgesehenen Stoff stickt.

Je nach Bedarf verwendet man DMC-Garn oder Vierfachgarn von MEZ (links unten im Bild), das gut gespalten werden kann. Besonders fein ist dänisches oder deutsches Blumengarn (rechts oben im Bild) in schönen Naturfarben und einer großen Farbpalette. Weniger geeignet sind Mouliné - oder Perlgarn. Mit seidenglänzendem Garn kann man besonders schöne Wirkungen erzielen.

Der Faden, mit dem Sie arbeiten, sollte nicht zu lang sein. Man glaubt zwar, man könne sich das oftmalige Vernähen ersparen, aber das Garn leidet unter dem häufigen Hin- und Herziehen. Die Drehung läßt nach, das Garn wird dicker, die Stickerei verändert sich. Es empfiehlt sich auch nicht, aufgetrenntes Garn wieder zu benützen, wenn es sich um eine größere Anzahl von Stichen handelt. Das oftmalige Durchziehen schadet dem Garn und läßt die Stickerei unregelmäßig erscheinen.

11

Farben

Schließlich trägt auch die Wahl der Farben zur Ausgewogenheit Ihrer Arbeit bei. Wenn man weiß, in welche Umgebung eine Stickerei passen soll, ist es leicht, sich dem vorhandenen anzugleichen. Bei den alten Stickereien stehen die warmen Rottöne in wirkungsvollem Kontrast zu den kälteren Tonwerten des weißen Untergrundes. Aber auch Dunkelgrün auf grauem Leinen oder Goldtöne auf naturfarbenem Untergrund können ein Muster sehr gut zur Geltung bringen und sich dabei der Umgebung anpassen. Es ist auch nicht nötig, besonders viele Farben zusammenzustellen. Eine einzige warme, nicht zu auffällige Farbe kann beste Wirkung erzielen.

So ist es also die Übereinstimmung von Vorzeichnung, Qualität des Stickgrundes, Garn und Farbe, die zur Ausgewogenheit Ihrer Arbeit beiträgt. Aber auch die sorgfältige Ausführung gehört dazu: daß Deck- und Grundstich immer in der gleichen Richtung verlaufen, daß die Stiche gleichmäßig und nicht zu locker sind, daß auf der Rückseite unauffällig vernäht wird.

Hier wurde ein Muster einmal mit drei eleganten, harmonischen Farben gestickt. Die Vorlage finden Sie auf Seite 34.

Kreuzstich

Jeder Kreuzstich beginnt mit einem Grundstich von links unten nach rechts oben, der Deckstich führt von links oben nach rechts unten. Bei größeren Flächen oder längeren Strecken sticken Sie zunächst links beginnend eine Reihe Grundstiche und setzen die Deckstiche »auf dem Rückweg« von rechts nach links arbeitend darüber. Auf der Rückseite entsteht eine Reihe senkrechter Stiche.

Bei diagonal verlaufenden Reihen arbeiten Sie von oben nach unten und stellen jeden Kreuzstich einzeln fertig, ehe Sie den nächsten sticken.

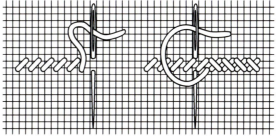

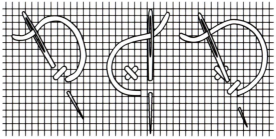

Einige Tips fürs Sticken

Das Sticken hat Ähnlichkeit mit dem Malen. Eine größere oder kleinere Fläche soll verziert werden. Von der Mitte ausgehend breitet sich das gewählte Muster aus, das als Stickerei viel plastischer und lebendiger wirkt als auf der Vorzeichnung. Das reine Weiß des Stoffgrundes füllt sich mit Farbe, und es ist nicht notwendig, besonders viele Farben zusammenzustellen: Auch mit einer einzigen kann das Muster zum Leben erwachen. Langweilige Stunden vergehen im Fluge, wie bei einem Kreuzworträtsel werden Aufmerksamkeit, Geduld und Konzentration verlangt.

Die Arbeit wird gleichmäßiger, wenn man zusammenhängend arbeiten kann und dabei nicht gestört wird. Wenn man oft unterbrechen muß, schleicht sich leicht ein Fehler ein.

Um genau zu wissen, wo ich stehengeblieben bin, lege ich eine Nagelschere auf die Vorzeichnung. Die Spitze der Schere zeigt genau auf den Punkt, den ich mir merken will. Gerade bei schwierigen Mustern ist diese Methode sehr hilfreich. Die Schere wird mit dem Fortgang der Arbeit verrutscht, man muß nicht jedesmal suchen, wo man stehengeblieben ist. Ein Bleistift würde wegrollen, die Schere bleibt liegen. Aber trotz aller Vorsicht lassen sich Fehler nicht vermeiden. Je länger man sie nicht bemerkt, desto mehr muß aufgetrennt werden.

So einfach ein Kreuzstichmuster erscheint, so heikel ist es, denn es hat seine eigenen Gesetze. Man kann es nicht »stimmend« machen, auch nur ein Kreuzchen mehr oder weniger kann durchaus eine Rolle spielen. Darum können Sie Ihre Arbeit gar nicht oft genug kontrollieren. Das Wichtigste ist, daß die Mittelachse stimmt. Prüfen Sie also immer wieder nach, am besten mit einem Lineal. Es lohnt sich.

Borten sind vielseitig

Besticken Sie damit
- Tischdecken, Mitteldecken
- Servietten, Serviettentaschen, Sets
- Tischbänder, Tischläufer
- Schemel mit gesticktem Polster
- Sofakissen
- schmale Streifen für Vorhänge
- Glockenzug
- Türschleifen
- Taschen
- Blusen oder Hemden mit gestickter Leiste
- Säckchen für Nikolausgeschenke, Nüsse, Kräuter
- kleine Säckchen für Geschenke, Lavendelsäckchen
- Buchzeichen,
- Bänder für Serviettenringe oder Armreifen für Kinder
- Gästetücher
- Überhandtücher
- Bänder für Fatschenkindl
- Deckchen in verschiedenen Größen, z.B. für Brotkorb oder Tablett
- Überzug für Schachteldeckel (z.B. Spanschachteln)

Türschleifen

Es ist Sitte geworden, zu besonderen Anlässen ein Band zu besticken, das zu einer Schleife gebunden an der Haustür hängt. Der Vorzug dieser fertigen Leinenbänder besteht darin, daß die Längsseiten mit ihren Webkanten nicht versäubert werden müssen.

○ Die einfachste Art hat einen gewebten, glatten Rand ohne Muster.

○ Daneben gibt es Bänder mit einer weißen, gemusterten Bordüre und einer Lochbordüre.

○ Sehr reizvoll sind Bänder mit buntem, gemustertem Rand (blau, rot, grün)

○ Aus weißer Baumwolle sind Aidabänder gewebt, bei denen man über ein Kästchen stickt und keine Fäden zählen muß.

Diese Bänder sind in verschiedenen Breiten zu haben: 4 cm, 5 cm, 7 cm, 8 cm, 10 cm, 15 cm, 15,5 cm, 16 cm in Weiß, Natur und Grau. Die Stickfläche ist kleiner als die Bandbreite. Die seitlichen Ränder messen je ca. 1 cm und müssen abgezogen werden. Ein 10 cm breites Band hat also eine Stickfläche von ca. 8 cm Breite. Auch bei glatt gewebten Bändern muß ein Rand von ca. 1 cm frei gelassen werden. Die Bänder sind meist aus Leinen gewebt und durchwegs 8- oder 11fädig, d. h. 1 cm Band wird aus 8 oder 11 Fäden gebildet. Es ist wichtig herauszufinden, aus wievielen Fäden die Stickfläche besteht, denn das verwendete Muster muß diese Fläche ausfüllen, darf aber auch nicht zu schmal sein. Es ist wünschenswert, daß zwei bis vier Fäden auf jeder Seite des Musters frei bleiben.

Zählen Sie zuerst, aus wievielen Kreuzchen das gewählte Muster besteht. Dann sticken Sie mit farbiger Nähseide Vorstiche über jeweils vier Fäden, um festzustellen, wie breit Ihre Stickfläche ist. Vier Fäden entsprechen nämlich zwei Kreuzchen. Nun können Sie leicht auszählen, ob Ihr Muster für das Band geeignet ist. Wenn nicht, suchen Sie ein anderes Muster oder kaufen ein anderes Band, von dem Sie sich zunächst ein Probestückchen abschneiden lassen.

Findige Leute haben in diesem Fall noch eine andere Lösung. Man kann sich einen Leinenstreifen in der gewünschten Breite und Qualität abschneiden lassen. Die Stoffbreite von 1,40 m ist das richtige Maß für eine Schleife. Es gibt außerdem ein Mischgewebe aus Leinen, Baumwolle und Viskose, »Floba« = Flockenbast genannt. Es ist regelmäßig gewebt, leicht zu besticken, und man kann die Breite des Streifens ganz nach dem gewünschten Muster abstimmen. Die Längsseiten muß man allerdings selbst versäubern. Dazu kauft man zweimal 140 cm Schrägband, das es in vielerlei Farben gibt. Es wird der Länge nach in der Mitte umgebogen und gebügelt. So kann es leicht über die Längs-

kanten des Bandes gestreift, angeheftet und aufgesteppt werden. Besonders schön ist es, daß man die Farbe des Schrägbandes auf die Stickerei abstimmen kann.

Bevor Sie mit dem Sticken beginnen, schneiden Sie 5 cm des Bandes ab und fassen alle Schnittkanten mit Zickzackstichen ein. Dann legen Sie die Enden des langen Bandes auf der rechten Seite so zusammen, daß eine Spitze entsteht. Mit einer möglichst knappen Naht werden die Schnittkanten zusammengenäht, die Spitze wird umgestülpt und glattgebügelt.

Nach dem Sticken binden Sie die Schleife: Das Band wird wie ein Schal gekreuzt, und alle Stoffteile werden in der Mitte zusammengerafft, so daß die Schleife entsteht. Mit dem 5 cm breiten Band, dessen Kanten nach innen umgeschlagen werden, wird die Schleife zusammengehalten, ein kleiner Ring zum Aufhängen wird auf der Rückseite festgenäht.

Die Stickerei soll nicht in der gleichen Höhe auf beiden Bändern angebracht, sondern auf einem Ende um ca. 3 cm nach oben verschoben werden.

Türschleifen sind derzeit in Mode. Besticken Sie sie zu einem bestimmten Anlaß, oder wählen Sie einfach ein Muster, das Ihnen gefällt. Die Vorlage für diese Ranken – einen Entwurf von Angelica Gierl – finden Sie auf Seite 25.

Alphabet

In den alten Zeiten, als noch nicht in jedem Haus eine Waschmaschine stand, wuschen die Frauen mit Aschenlauge und legten die Wäsche zum Bleichen auf den Gemeindeanger. Was da so friedlich beisammenlag und oft recht ähnlich aussah, mußte gekennzeichnet werden, und das geschah mit dem Monogramm der Hausfrau. Es war also kein besonderes Schmuckbedürfnis, sondern bittere Notwendigkeit. So ist es auch zu erklären, daß verschiedene Alphabete auf jedem Mustertuch und in jedem Musterbuch zu finden sind.

Einteilung einer Tischdecke

Lange Zeit war es üblich, den Rand einer Tischdecke mit einem schmäleren oder breiteren Muster zu besticken, das freilich unter der Tischkante verschwindet. Eine andere Möglichkeit besteht darin, die Bordüre als Rechteck oder Quadrat in die Mitte der Tischplatte zu setzen. Schüsseln und Teller haben freien Raum, die Stickerei bleibt sichtbar, der Arbeitsaufwand ist viel geringer als bei der Randbordüre (Das Muster für die Tischdecke auf dem großen Foto finden Sie auf Seite 34, das rot-schwarze Muster auf Seite 28).

Ecklösungen

Wenn die Vorzeichnung einer Bordüre eine Ecke enthält, arbeitet man von zwei nebeneinanderliegenden Ecken aus bis fast zur Mitte, wo man den Zusammenschluß mit den vorhandenen Motiven selbst finden kann.

Wenn keine Ecklösung vorgezeichnet ist, fängt man in der Mitte der Borte zu sticken an und arbeitet nach rechts und links bis fast zu den Ecken. Mittels einer Zeichnung kann man sich die Ecke ausdenken.

Am einfachsten ist es, in die Ecke ein Quadrat zu sticken, das die gleiche Höhe hat wie die Bordüre. Diese wird bis zum Quadrat weitergeführt. Der äußere Saum wird erst nach Fertigstellung der Stickerei festgelegt.

Maibaum

Zum Sticken des Maibaums (siehe Seite 36/37) genügt der einfache Kreuzstich nicht. Die kleinen Quasten am unteren Rand der Kränze werden mit kleinen Vorstichen ausgeführt, ebenso die Köpfe des Bauernpaares. Die dünnen Fäden, mit denen die Kränze am Maibaum festgehalten werden, kann man mit farblich genau passender Nähseide ausführen. Bei spaltbarem Garn genügen ein oder zwei Fäden. Achten Sie darauf, daß die Einstiche ganz gleichmäßig sind. Die langen Spannstiche sollten nicht zu locker sein.

Zusammenstellung verschiedener Borten

Manchmal ergibt sich die Notwendigkeit einer ganz bestimmten Musterbreite, die nicht immer zur Verfügung steht. Zur Verbreiterung kann man in größerem oder kleinerem Abstand zur Mittelborte schmale Seitenbörtchen verwenden. Wenn sie gebogt sind, erinnern sie an Festons.

Geometrisch strenge Borten werden aufgelockert durch spitzenartige Ränder auf beiden Seiten. Auch schräggestellte oder senkrecht stehende Bäumchen beleben ein strenges Muster.

Danksagungen

Die Vielfalt des hier gezeigten Materials verdanke ich meinen unermüdlichen Helferinnen, die nicht nur die mühselige Arbeit des Stickens in vorbildlicher Weise auf sich nahmen wie Anna Hangel, sondern auch ihre eigenen Einfälle einbrachten wie Edeltraud Kleinmann. Geschicklichkeit und Geschmack zeichnen sie alle aus, besonders auch Magdalena Veicht, die wertvolle Arbeitsunterlagen zur Verfügung stellte.

Besondere Bewunderung verdient Brigitte Hauke, Gmunden, für die Entwürfe und Ausführung mehrerer Muster, die eigens für dieses Buch entstanden.

Mein Dank gilt auch Elly Koch für die Abdruckgenehmigung einiger Muster.

Die Zusammenarbeit mit der Graphikerin Ilse Schwaiger und dem Verlag war ein Vergnügen, die unermüdliche Unterstützung durch meine Tochter Angelica eine besondere Hilfe.

Eine zu schmale Hauptborte wie bei dem rot bestickten Band können Sie durch zusätzliche Seitenborten verbreitern und gleichzeitig abwandeln (Muster siehe Seite 30 und Seite 54).

Der lustige Kasperl paßt, kombiniert mit anderen kleinen Motiven und Bordüren, gut auf ein Kissen oder eine Türschleife fürs Kinderzimmer.

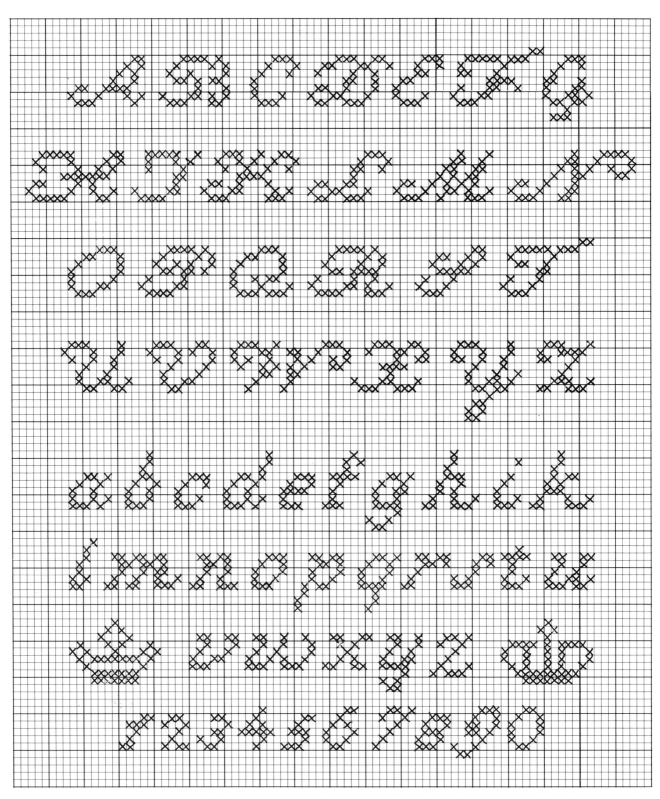

Mit den Buchstaben dieses Alphabets können Sie kurze Texte – etwa auf Türschleifen – sticken.

Diese Ranken wirken auf einer Schleife mit farblich passendem Rand besonders gut (siehe Foto Seite 17).

Stoffbezogene Fußschemel sind nicht nur hübsch, sondern auch praktisch. Das Muster für den blauen Bezug finden Sie auf Seite 32.

Über ein solches besticktes Häubchen für den Täufling wird sich jede junge Mutter freuen.

Besonders schnell gestickt sind Lesezeichen aus kurzen Bandstücken. Verschenken Sie doch ein Buch mit einem solchen, ganz persönlichen „Einmerker".

29

Manche Bordüren lassen sich zu Flächenmustern kombinieren und erweitern, so wie auf diesem Hocker Blüten und Zweige.

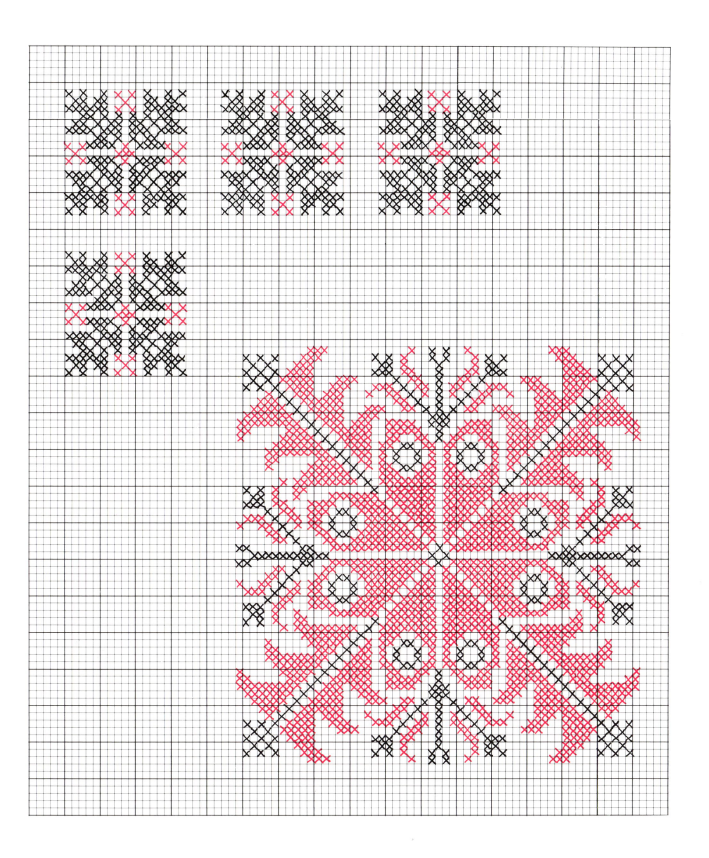

36

Der Lebensbaum, vielleicht kombiniert mit den Initialen des Brautpaars, ist ein passendes Motiv für eine Türschleife zur Hochzeit. (Entwurf Brigitte Hauke)

Das zentrale Motiv dieses Kissens können Sie für eine breite Bordüre mehrfach wiederholen oder wie hier mit farblich passenden Stoffstreifen patchworkartig einfassen.

Das tanzende Paar unter dem Maibaum (Entwurf: Brigitte Hauke) ist ein sympathisches Motiv voller Lebensfreude, das sich nicht nur für eine der beliebten Türschleifen eignet.

Die Türkenbund-Borte auf diesem Kissen war bereits Ende des 18. Jahrhunderts bekannt (siehe dazu Seite 8).

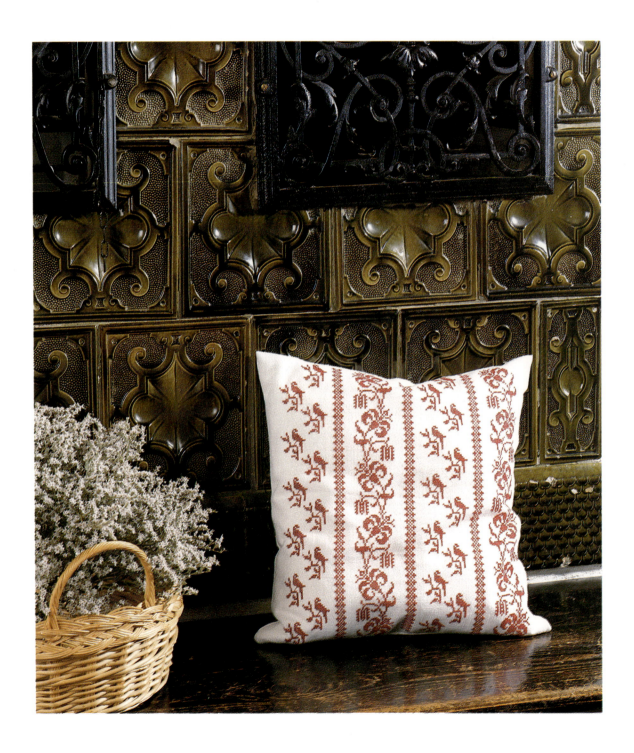

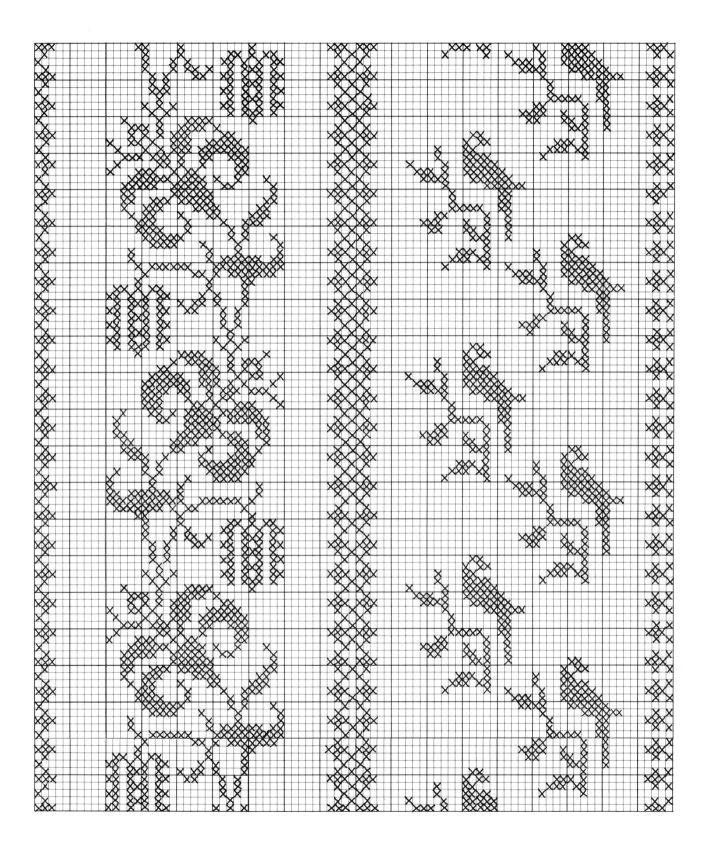

43

Mit schmalen Borten (siehe zum Beispiel Seite 53) und Einzelmotiven wie Rosetten, Herzen oder Vasen lassen sich einfache Spanschachteln wirkungsvoll verzieren.

47

An dieser Tischdecke fällt die außergewöhnliche Musterverteilung auf: Vier Blütensterne bilden ein Mittelquadrat, auf das von den Seiten her breite Bordüren zulaufen.

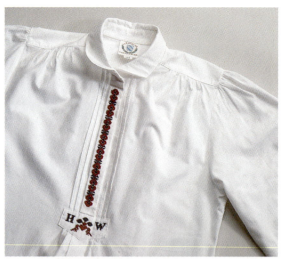

Zweifarbig gestickt schmückt die Herzchen-Borte eine einfach Trachtenbluse. Die Sternenborte des Kissens können Sie auch ohne die Blüten sticken, dann paßt sie zum Beispiel auf ein Tischband.

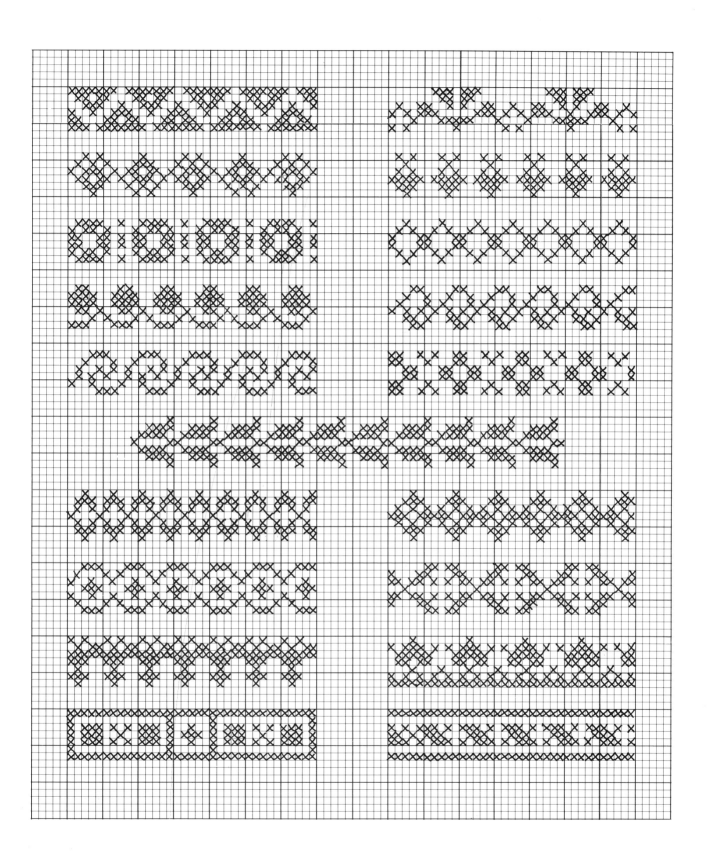

53

54

Eine echte Kostbarkeit ist das „Fatschenkindl", ein Christkind mit wächsernem Kopf, das in Spitzen und zierlich bestickte Bänder gewickelt ist. Gewöhnlich wird es in einem Schrein präsentiert (siehe Seite 4/5), hier aber ausnahmsweise von einem besonders aufwendig bestickten Tischband umrahmt.

Details aus Bordürenmustern oder andere kleine Motive sind schnell auf einen Stoffrest gestickt und ergeben reizende kleine Geschenke wie zum Beispiel dieses Lavendelsäckchen.

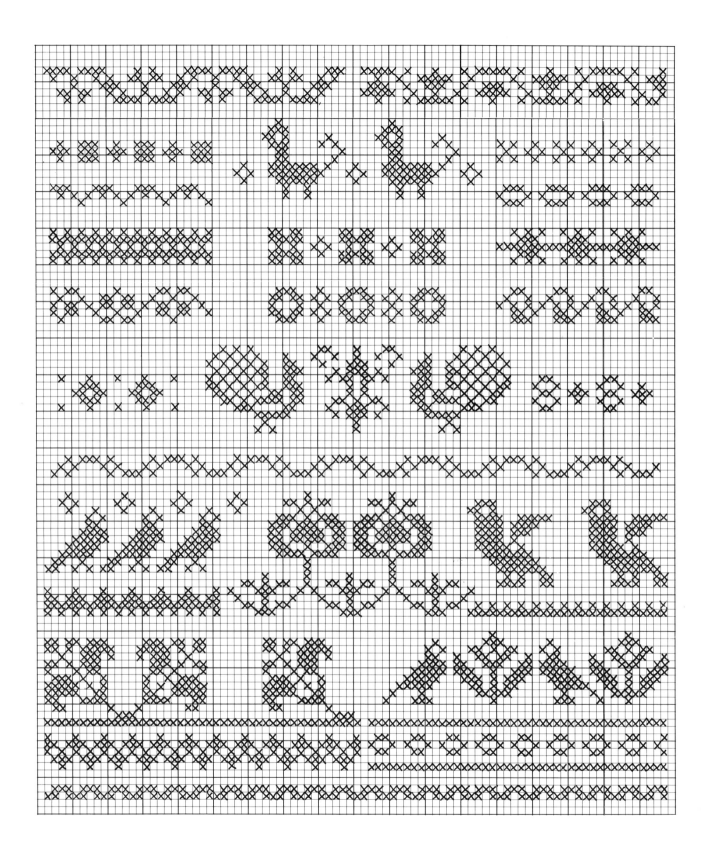

Aus Bordüren lassen sich auch Rahmen für andere Motive bilden, wie man an diesem Kissen sieht, das einem griechischen Vorbild nachempfunden ist.

Leinensäckchen zum Nikolaustag (hier mit Nikolaus und Knecht Ruprecht, entworfen von Brigitte Hauke), Tischdecken, Bänder und Grußkarten: Mit Bordüren und kleinen Motiven läßt sich vieles außergewöhnlich verzieren.

Das Werk einschließlich aller seiner Teile ist urheberrechtlich geschützt. Jede Verwertung außerhalb des Urhebergesetzes ist ohne Zustimmung des Verlages unzulässig und strafbar. Das gilt insbesondere für Vervielfältigungen, Übersetzungen, Mikroverfilmungen und die Einspeicherung und Verarbeitung in elektronischen Systemen.

Es ist deshalb nicht gestattet, Abbildungen des Buches zu scannen, in PCs oder auf CDs zu speichern oder in PCs / Computern zu verändern oder einzeln oder zusammen mit anderen Bildvorlagen zu manipulieren, es sei denn mit schriftlicher Genehmigung des Verlages.

Die im Buch veröffentlichten Ratschläge wurden von Verfasser und Verlag sorgfältig erarbeitet und geprüft. Eine Garantie kann dennoch nicht übernommen werden. Ebenso ist eine Haftung des Verfassers bzw. Verlages und seiner Beauftragten für Personen, Sach- und Vermögensschäden ausgeschlossen.

Jede gewerbliche Nutzung der Arbeiten und Entwürfe ist nur mit Genehmigung von Verfasser und Verlag gestattet.

Bei der Anwendung im Unterricht und in Kursen ist auf dieses Buch hinzuweisen.

Fotografie: Klaus Lipa, Augsburg
Vorlagezeichnungen: Ilse Schwaiger, München
Lektorat: Helene Weinold
Umschlaggestaltung: Christa Manner, München
Layout: Anton Walter, Gundelfingen
AUGUSTUS VERLAG AUGSBURG 1994
© Weltbild Verlag GmbH, Augsburg
Satz: Gesetzt aus 12 Punkt Adobe Garamond
in Quark-X-Press
von Walter Werbegrafik, Gundelfingen
Reproduktion: Repro Ludwig, A-Zell am See
Druck und Bindung: Himmer, Augsburg
Gedruckt auf 120 g umweltfreundlich elementar
chlorfrei gebleichtes Papier.
ISBN 3-8043-0284-1
Printed in Germany